어떤 바람이 불어도

——— 네가 있다면,

어떤 바람이 불어도
네가 있다면,

글·그림 로사

엔트리

끝 그리고 시작,

겨울

너와 함께 다시,

봄

더워도 함께,

여름

외로워도 괜찮은,

가을

끝 그리고 시작,

겨울

눈길

겨울이 추워도 따뜻한 이유는
눈
그리고
너.

그리고
조용히 우리를 따라오는
시간의 발자국.

나눠 마셔요

참 이상도 하지.

온기는 나눠도

식지 않으니.

겨울 행복

담요,

고양이,

따뜻한 바람.

부드러운 것들이

더 좋아지는 계절.

따뜻한 것들이

더 따뜻해지는 계절.

Dream as if
You'll live forever
Live as if
You'll

첫눈

지금

맨 처음 생각나는 사람에게

연락해야겠어요!

별일 없었지?

집에 오면 가장 먼저
고양이에게 달려가는 너.

네가 자랄수록 고양이는 늙어가지만,
하루라도 더 함께

별일 없기를.

눈이 오면

세상이 하얗게 변하면
그리운 것들이 늘어갑니다.
이 마음이 소리 없이
너에게 전해지기를.

이불 밖은 위험해

혼자일 때 더 아픈 건
외롭기 때문일까?

그래도
오늘은

혼자라서 더 좋은 날.

별이 쏟아지는 방

오늘 유난히 잠이 오지 않는 건

보고 싶은 얼굴들이

자꾸만 떠오르기 때문이야.

수많은 기억들이 함께 쏟아지기 때문이야.

겨울 추억

이 세계를 함께 보고 싶었어.

온 세상을 공평하게 뒤덮는 순수의 세계.

앞으로 수많은 세계를 만나겠지만

이 순간을 기억하면 좋겠어.

어떤 유니폼

이 나이에 공룡 옷이라니!

그래도 언제나 디자인은

네가 가장 좋아하는 걸로 가야 하지.

우리 집에서 가장 힘센 너니까.

어느새

점점 더 나와 닮아가는 네가
여전히 너무 신기해.

엄마도 같은 기분이었을까?
오랜만에 전화를 걸어봐야겠다.

겨울엔 귤

책 한 권 읽고 나면

손바닥이 온통

노랗게 물들어가요.

열대의 꿈

너무 추운 날,

아프리카를 닮은 텐트에서 잠들면
호텔 아프리카에 도착할 수 있을까.
뜨겁게 빛나는 태양이 반기는,
초록 들판을 만날 수 있을까?

첫 만남

새하얀 눈처럼 뽀얀 얼굴로 온 너.

그날부터 따뜻해진 겨울.

다른 의미가 된 이 계절.

네가 웃으면 나도 좋아

우린 밤마다 수퍼맨.

오늘도 팔이 빠질 것 같아.

하지만 그래도 괜찮아.

네가

푹

잠들 수만 있다면.

거울아 거울아

누구에게나
세상에서 가장 예쁠 때가 있지.
거울을 볼 때마다
네가 더 행복해지면 좋겠어.
거울 앞에서도
누구 앞에서도
기죽지 않았으면 좋겠어.

그리운 봄날

꼼짝도 못할 만큼

추운

겨울날

마법처럼 봄이 오는 상상

하얀 눈속에서 싱그러운 풀잎이

가득 돋아나는 상상

하얀 천사

잠깐 졸았을 뿐인데
걱정하는 눈길.
가끔 돌봄받는 기분,
나쁘지 않네요.

말썽 피울 때마다
아픈 척해야겠어요.

책 읽는 오후

좋아하면
더 많이 알고 싶은 마음.

아는 만큼
사랑할 수 있을 테니까.
사랑한 만큼
행복해질 테니까.

마중

수고 많았어요,

오늘 하루도.

인사

"아가야 안녕?
내가 언니야."

더 예쁘게 해줄게요

늦잠 자면 안 되겠어요.
이런 불상사가 생기거든요.

빈 캔버스

늘　　　설레는 마음으로
기다립니다.

내 손끝이 만드는
나도 모르는 세계.

뜻밖의 손님

초대하지는 않았지만
참 반가운 손님이 찾아온 날.

안녕?
어서 와.
너의 호기심은 언제나 환영!

하필이면

책상 앞에서 떠오르지 않던 아이디어가,

왜 침대에 눕고 나면
갑자기 쏟아지는 걸까.

흩어질까 두려워
얼른,
주워 담는 밤.

겨울 창가에서

몇 번을 반복해 들어도
지겹지 않은 음악
갓 내린 뜨거운 커피 한 잔

오늘 하루는
이미 충분해.

특별한 손님

차린 건 없지만

많이들 드세요!

누구든 산타

모두가 서로에게 선물이 되는 계절
모두가 서로에게 반가운 소식이 되는 계절
모두가 서로에게 온기가 되는 고마운 계절

틀려도 괜찮아

무엇을 해도 예쁜 나이.

무엇을 해도 다 괜찮아.

똑같으면 재미 없잖아.

다 달라서 더 귀여워.

잊지 마, 너라면 다 괜찮다는 걸.

크리스마스 파티

별일 없다는 걸 잘 알아요.

그래도 혹시나 하며

늘 설레는 날.

올해도

메리 크리스마스!

트리를 만들어요

세상 모든 것들이
다　　예뻐.
왠지 좋은 일이 생길 것만 같아.
해마다 속아도
다시 믿고 싶은 그런 날.

네가 조금 더 오랫동안
산타 할아버지를 믿으면 좋겠어.

화이트 크리스마스

크리스마스에 눈이 내리면
올해 있던 모든 일들이
다 괜찮아질 것 같아.

크리스마스에 눈이 내리면.

Happy New Year!

올해를 다시 살 수는 없지만

새해는 다시 만날 수 있어서 다행이야.

새해는 늘 새로워서 다행이야.

NEW YEAR

새해 다짐

새해에는 책 100권을 읽겠다는 결심.
달이 갈수록 목표는 줄어들지만

아무려면 어때.

시작이 반이니까!

앞으로도 쭉

이대로 함께하기를.

내년 이맘때도,

마법 같은 일상이 아니더라도,

그저 오늘과 같을 수 있다면.

너와 함께 다시,

봄

너와 함께

태어나서 처음 사귄
가장 오래된 친구.
말이 통하지 않아도
가장 친하답니다.

이젠 내가 더 커졌으니까
내가 더 잘해줄 거예요!

살랑살랑 봄바람 타고

어느새 가벼워진 바람,

몸도 마음도 가볍게
날아갈 것 같은 기분!

오늘은 더 멀리까지 가볼 거예요.

아무것도 하고 싶지 않은 날

낮잠이나 실컷 자면 좋겠어.

향긋한 풀냄새가 솔솔
따뜻한 바람이 살랑살랑
불어오면 좋겠어.

시간이 흘러가도
아무렇지 않았으면 좋겠어.

봄꽃

네가 꽃인지

꽃이 너인지

누가 더 예쁜지

알 수가 없네.

봄은 고양이

어느새

잠든 고양이처럼

살 금 살 금 다가온

나른하고 따뜻한 계절,

너는

봄.

낮잠

언제까지나
너의 베개가
되어줄게.

이 짧은 잠이 끝나고 나서도.

봄맞이 콘서트

아는 가사라곤
'렛 잇 고Let It Go'뿐.

하지만 아무리 들어도
질리지 않아요.

화분 갈이

봄이 오면 늘어나는
정원 일.

"커피 한잔하고 해."
참 반가운 말 한마디.

구경꾼

너도 내가 궁금했을까?

내가 너를 보는 줄 알았는데
네가 나를 보고 있었구나.

바람 좋은 날

사는 게 뭐라고.

친구와 나누는 수다 한 모금,
따뜻한 커피 한 잔이면
그뿐.

네 미소가 바람을 닮았네.

같은 공간 다른 시간

서로 다르게 흘러가는

각자의 시간.

따로 또 같이

행복한 이 순간.

똑같은 듯해도

늘 다른 그 순간.

첫 남자친구

벌써 남자친구가 생겼다네요.

얼레리 꼴레리~
놀리려다가,

무슨 뜻이냐며 질문만 길어질까 봐
그만두고 말았습니다.

모닝커피

아주 오랜 시간이 흐른 뒤에도
아침마다 이렇게

웃는 얼굴로 마주 볼 수 있길.

내가 누를 거야!

사이좋게 걸어오다가도
갑자기 시합!

엘리베이터 버튼을 먼저 누른 날이면
온 세상을 다 가진 기분인가 봐요.

봄나들이

이 길이
끝나지 않았으면 좋겠어.

네가 조금 더
천 천 히
자랐으면 좋겠어.

계단 오르내리기

앞으로 만나게 될

수많은 계단도

늘 이렇게

씩씩하게 넘어갈 수 있기를.

혼자만의 독서

고독만큼

사귀기 쉬운 친구는 없다고 한다.

고독과 책이 나와 함께해주는 이 시간,

더할 나위 없네.

햇볕 샤워

햇볕과

비와

이슬을

흠뻑 받는 것.

목욕의 또 다른 뜻이랍니다.

특별한 반복

행복의 이유만큼
서로 다른 일상.

익숙하고 특별한 하루를
오늘도 시작합니다.

싱글벙글 빙글빙글

늘
뭐가 그리 좋은지.

웃음의 마법을
너에게서 배우고 싶어.

날아가요

네가 환하게 웃으면

내 마음도 언제나 두둥실

벚꽃 아래에서

벚꽃은 1초에 5센티미터씩
떨어진다는데,
너는 1년에 얼마큼씩 자랄까?

봄이,
천천히 가면
좋겠어.

책 밖으로

조용조용 읽었는데도
잠을 깨웠나 봐요.

여우도 토끼도 오리도
살금살금 놀러 나온
봄날 오후.

정성

아껴준 만큼

자 라 나 는

너.

커튼 사이로

눈을 감으면
문득 떠오르는 어떤 날들
기억은 모두 달라도
그리운 날들

지나간 것들은 지나간 대로
다 아름다우니까.

가위에 눌린 날

그런데,

뭐지?

이 익숙하고 보드라운 느낌은?

오늘도 다시 좋은 날

어제와 똑같이 시작된 오늘
수많은 책장의 한 장 같은 날
그래도 매순간 특별하기를,
아주 조금이라도 더 나은 내가 되기를.

조금만 더

20분만 더,

10분만 더,

5분만 더.

아침이면 머릿속에 되풀이되는 주문.

봄맞이 새 단장

굳이 도와주지 않아도

괜찮은데 말입니다…….

너와 가족이 된 날

초록이 점점 짙어지던 날.
천천히 산에 오르다 잠시 쉬고 있을 때
스르륵 나타나 다가온 너.

그때부터 우리 인연이 시작되었어.

돌이켜보면 너는 매일 나를 기다렸던 것 같아.
항상 나와 발 맞춰 산을 올랐으니까.

오늘부터 함께 살지 않을래?

그날부터 우리는
가족이라는 이름이 되었던 거야.

비밀의 정원

매일 물을 주지 못해도
가끔은 들여다봐야 하는 숲.

내 안의 나무들아,
잘 지내니?

더위도 함께,

여름

여름 바다

바다가 좋은 건,

낯선 세상을
꿈꿀 수 있기 때문이야.

나뭇잎 아래 휴식

가만히 앉아 쉬다 보면
나뭇잎들이 건네는 말소리가
귓가를 스치고 지나가.
여름이 왔다는 소식.

물기 어린 날의 상상

너무나 습한 어떤 날

물기 어린 공간에
물고기들을 그려 넣으면,

함께 수영하는 기분일 것만 같아.
이 물속이 편안해질 것 같아.

정원 산책

풀도 아이도
성큼 자라나는 계절

여름이 왔어요.

아, 시원해

한여름이라도 가끔은

뜨거운 물에 몸을 담근 채 쉬고 싶어.

더위에 더 익숙해질지도 모르니까.

조금만 더 시원해도

조금 더 고마워질 테니까.

낮잠 좀 자자꾸나

재미있는 책을 읽어준다며

재잘 재잘 재잘……

아무래도 낮잠은

다 잤나 봐요.

물놀이

너와 함께
물장구치는
기분

파란 하늘을
함께 날아가는
기분

여름 상상

종이에 구름을 그려 넣고
가만히 문지르면

시원한 바람이
불어 나오는 상상

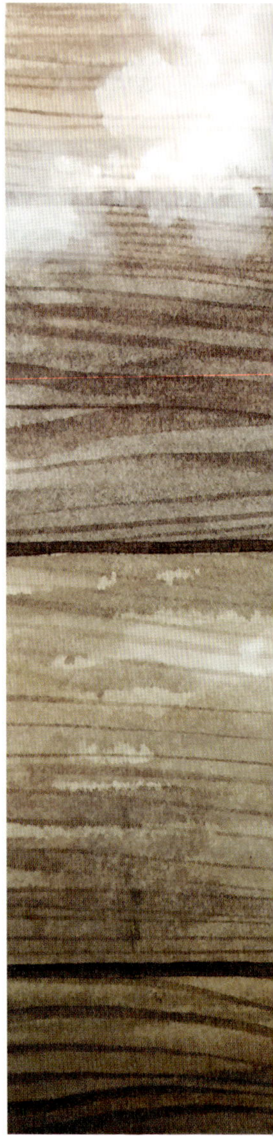

집에 오면

매일매일 함께 사는데도

매일매일 반가워요.

떠나요

바닷물이 새파란
따뜻한 나라로
예쁜 새들을 만날 수 있는
남쪽 나라로
모두 다 내려놓고 쉴 수 있는
그늘 아래로

어느 날 문득

그런 날이 있지,
그리운 장면이 떠오르는 날.

돌아갈 수 없다는 걸
너무 잘 알기 때문일 거야.

혼자만의 여행

여름엔 떠나야 해요.

놓쳤던 행복을 찾아 채울 수 있으니까요.

감사하며 일상으로 돌아올 수 있으니까요.

홈캉스

최고의 피서지는?

우리 집.

나도 바빠요

한창 그림 그리는데
심부름을 시켰더니

"엄마, 나 일하잖아요!"

내가 하던 말을
똑같이 따라하는 너.

피식 웃고 맙니다.

어설픈 도우미

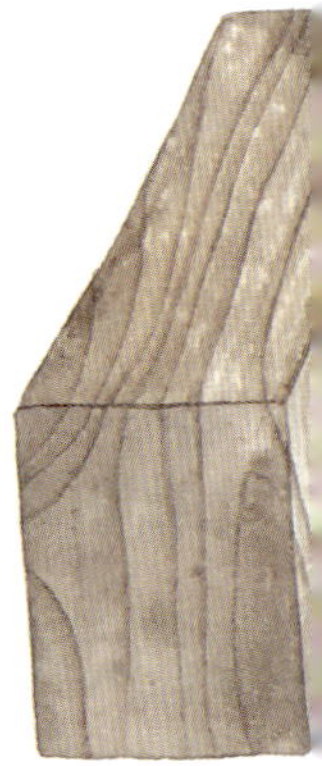

빨래 널 때도 도와준다며
물텅뭉텅 걸쳐놓더니
빨래 갤 때도
마음대로 접어놓네요.

……일이 두 배로 늘었습니다.

수다쟁이

간식도 잊고
낮잠도 잊고

쉴 새 없이

재잘재잘
재잘재잘

가끔은 귀찮지만,
네가 말이 줄어들면
아쉬울 것 같아.

MILK

숨바꼭질

하나, 두울, 셋,

다섯, 여덟, 열, 일곱……

언제 끝날지 모르는

숨바꼭질.

아직은 숫자 세기가 어렵나 봐요.

Dance with me!

뭐가 그리 좋은지,

들어도 모를 노래를 흥얼대며
손을 잡아끄는 너.

아무래도 배가 고파야
멈출 모양이에요.

베란다 작업실

초록빛 그늘 아래
일하다 보면

어느새 빈 둥 빈 둥
꿀맛 같은 시간.

이렇게 쉬고 나면

불멸의 작품이 탄생할지도 몰라!

머리 묶기

처음엔 서툴렀는데
이젠 아빠도 잘해요.

나 혼자 묶을 수 있게 되면
아빠가, 심심하겠죠?

잘 자요, 우리 엄마

엄마 자는 얼굴이

나랑 똑같아요.

나도 어른이 되면

엄마랑 똑같이

예뻐질까요?

비 오는 날

예전에는 비가 내리면 우울했는데
요즘은 비가 와도 즐거워.

네가 비를 좋아하기 때문인가 봐.

소나기

반가운 빗줄기에

마음을 묻는다.

파란 꿈

아이는 물고기가 된 꿈을 꾼다.

수족관에서 탈출해
머나먼 그리운 바다를
향해 가는

꿈.

외출

밖에 나가는 게
그리 좋은지.

별것 아닌 것에
행복해하는 너.
그 비결을 배우고 싶어.

무게

축축한 빗물보다
지쳐 잠든 아이보다
마음이 더 무거운

어떤 날

반가운 우연

"오랜만이네! 너도 여기 자주 와?"

좋아하는 장소에서
좋아하는 친구를
우연히 만나는 기쁨.

그래서 우리는
친구인가 봐.

여름방학

이번 방학에는

어떤 추억을 함께 만들어볼까?

오늘은

일단

풍

덩

!

여름엔 이 맛!

후루루루룩
후루루루룩

수박 한 통도 모자란
뜨거운 여름

마음의 방

가장 가깝지만

가장 먼 곳

내 마음속 다락방으로

떠나는 여행

신나는 장마철

더러워진다고 아무리 혼내도
꼭 물웅덩이만 골라서 다녀요.

하늘은 흐려도
아이들 웃음은
반 짝 반 짝

잠 못 드는 밤에는

가만가만 책을 읽어줍니다.

달님도 지금 집으로 가고 있다고.
하늘을 가로질러
숲속으로 가 잠이 든다고.

HISTORY

땡땡이

그런 날 있잖아요.

시험은 내일인데 공부는 하기 싫고
집 안도 깨끗한데 괜스레 청소하는 그런 날.
몇 시간이 지나도 스케치북은 새하얗기만 한 날.
마감이 코앞인데 아무것도 하기 싫은 날.

다 잊고 놀아야 하는 그런 날.

여름날 오후

얼른
가을이 오면 좋겠다고 생각하지만,

지나가면
이 여름도 그리울 거야.

외로워도 괜찮은,

가을

가을이 내린다

여름이 영원할 것 같았는데
어느덧 서늘해진 온도.

계절과 시간은
참,
거짓말을 못하지.

굿모닝

너를 재우고 나면 잠깐의 여유
오랜만에 모카포트를 꺼내
뜨겁고 진한 에스프레소 한 잔
노랗게 물든 나뭇잎이 반가워
잠시 한눈을 팔던 시간

어느새 살며시 다가와
얼굴을 부비는
가을 아침

가을이 오면

다시 낙천주의자가 됩니다.

저 바람 때문에, 저 햇살 때문에,
더 많은 것들을
사랑할 수 있으니까요.

옥상 여행

따사로운 햇살, 서늘한 바람
가을 정취 물씬한 옥상.

아무리 길어도 꼭 끝까지 읽어야 할 듯한 소설책
약간은 울적한 재즈와 함께 보내고픈 순간.

가을이 불러온 기분.

가을 창가

창문을 열고
깊이 숨을 들이쉬면
코끝 시린 바람.

황금빛 바람이 불어오는 계절,
가을이 오고야 말았어요!

환절기

네가 갑자기 아프면 나는 잠이 오지 않아.

차라리 다행인 것 같아.
네가 아픈데 내가 졸립다면
내 마음이 더 아팠을 테니까.

마음도 아프지 않게 잘 지켜야 하는 밤.

마음에 감기가 옮지 않도록.
네가 나을 때까지 나는 아프지 않도록.

든든한 보모

머리는 띵하고
몸은 노곤하고
코는 꽉 막히고
겨우겨우 밥을 먹이고
스르르 잠든 오후.

아이에게서
눈을 떼지 못하는
다정한 너.

쓰담쓰담

집에 오면 맨 먼저 하는 일,
쓰담쓰담.
부쩍 서늘해진 날씨에 감기라도 걸릴까,
쓰담쓰담.

돌봐야 하는 존재가 생겨서
너는 자라났구나.

100

키 재기

어느새 드디어 100cm.
이젠 제법 어린이 티가 난다.

긴 시간이 지나 저 눈금들을 보면
눈물 나게 그리울
지금 이 순간.

내가 더 잘해요

나 대신 할 수 있는 일이
점점 더 늘어나는 너.
곧 나보다 잘하는 게
더 많아질 것 같아,
가슴이 두근거리는 요즘.

엄마의 가을

오랜만에 엄마를 만난 날
문득 엄마 얼굴에
나뭇가지를 닮은 주름 하나.

엄마,
우리 더 많은 가을을
함께해요.

낙엽 놀이

값비싼 장난감보다
알 록 달 록 나뭇잎을
더 좋아하는
너.

괜스레 뿌듯한 마음.
잘 자라준 것 같아 고마운 마음.

베란다 정돈

바쁘다는 핑계로
손대지 못했던 베란다.
모처럼 다 함께 정리를 시작했어요.

혼자서는 엄두도 못 냈는데
함께 하니 순식간.

오늘 저녁은 더 푸짐하게
준비해야겠어요.

미스터리

분명 옷장에는
늘
옷이 한가득.

그런데
왜
오늘 입고 나갈 옷은 없을까?

주말 오후

각자 하고 싶은 것을 해요.

아이는 퍼즐을 맞추고
고양이는 장난감에 눈을 맞추고
햇살은 우리에게 살며시 입 맞추고

그렇게 지나가는 가을날.

사노라면

바다가 그리울 때가 늘어나.

복잡한 생각을 바람에 날려버리고
머릿속을 텅 비워내고 싶은 그런 때.

너는 그런 기분을 더 늦게 알면 좋겠지만,

그럴 때마다 함께 가자꾸나,
바다로!

우리 엄마 최고!

첫 소풍날 아침
새벽부터 일어나 도시락 싸느라
조금 힘들었는데,
피로가 사르르 녹아버렸어.

너의 함박웃음에.

하얀 거품

목욕하자고 부르면
언젠가부터
꼭 거품 비누를 손에 들고
나타나는 너

마음에 묻은 때도
함께 날려 보내자.

전쟁 같던 날

몸이 열 개라도 모자랄 것 같던 어떤 날.
그런데 이렇게 그려놓고 나니
그냥저냥 견딜 만했던 것 같잖아!

'삶은 가까이에서 보면 비극,
멀리서 보면 희극.'

어쩌면 이 말이 딱 들어맞는
그런 어떤 날.

질투 나지만

매일 책 읽어주는 엄마보다
가끔 책 읽어주는 아빠가
더 고마운가 봐요.

살짝 분하지만 왠지 흐뭇해
그냥 웃지요.

가을 가득한 테라스

따듯한 차와 도넛이
가장 어울리는 계절
오랜만에 다 함께
테라스에서 즐거운 시간

나뭇잎들이 시끌시끌
가을이 무르익는 소리

피부에 양보하라니까

가을에는 푸석해지는 얼굴
신선한 오이를 썰어 얼굴에 얹고
나란히 누워 눈을 감아요.

아삭아삭 아삭아삭

3분도 못 참고
어느새
얼굴에 붙였던 오이를 떼어 먹는 너.

작업실에서

내 작업실은 나만의 섬.
내 상상이 내 마음이
손끝에서 새싹처럼 돋아나는 공간.
오롯이 집중할 수 있는
나만의 공간.

그곳은 나의 작업실입니다.

어떤 일상

하루가 언제 다 지나갔는지
서로 눈 한번 맞추기도 버거운 날들
일과를 마친 시각은 어느새
캄캄한 새벽

참 고요하게
참 빠르게도 흘러가는
시간이라는 것.

일요일 아침

먼저 일어나는 사람이 아침밥 차리기!

이러다가

하루 종일 굶으면 어쩌죠?

밤배

혼자였지만 외롭지 않았고
창문이 없었지만 춥지 않았어
깨어 있었지만 자고 있었고
자고 있었지만 눈이 보였어

언제부터 어디까지 꿈이었을까?

어디를 향해 가는 것인지
아직도 잘 모르겠는 밤.

할로윈 데이

아브라카다브라
수리수리마수리

주문을 외면
장난감 친구들이 깨어날까요?

꽃단장

예전엔 아프다며 머리 땋기 싫어하던 너.
이젠 내내 꾸욱 참고 앉아 있다니,
아픈 것보다 예쁜 게 더 중요해졌다니,

어느새
소녀가 다 되었구나.

쉼터

어릴 적 살았던, 지금은 빈집.
지금은 고양이 가족들이
살아가는 곳.

고단한 삶을 잠시 뉘이고
쉬어가기를.
빈집을 행복한 공기로 다시
채워주기를.

오늘 하루도

울적하고 괴로울 때
내 마음의 숲을
가만히 들여다본다

오늘도 수고했다고,
오늘도 괜찮았다고,

숲속의 나를 칭찬해본다

가을 여행

갑자기 떠나고 싶었어.

아무 계획도 정처도 없이 떠난 여행은
시간이 꼬리를 물어 결국 몇 달간 이어졌어.
아무 목적도 계획도 없이
거의 매일 바람을 맞아가며 이국의 강변을 서성였어.

무척 오래전인데도
마치 어제 일처럼 느껴지는
그 길 위에서의 기억.

가을에 떠났기 때문일 거야.

가을 바람

가을에 부는 바람은 마음에 부는 바람
어떤 옷으로도 막을 수 없는 바람
지나가고 나면 마음이 성큼 자라나는 바람
시작과 끝을 잇는

인연의 바람

가을 그리는 날

빨갛게 물든 낙엽이 보고 싶어서
붓으로 슥슥 색을 칠하면,

흩어진 잎사귀 사이로 불어오는

알록달록한 가을.

사과 잼

사과가 너무너무 많아서
잼을 만들어요.

열심히 씻고 자르고 섞고
열심히 씻고 자르고 섞고

온몸에 사과향이 배어버렸어요.

잼 한 스푼에
가을 향기 물씬!

사색

더 깊은 사람이 되고 싶다.

삶이 나를 속일지라도
아무렇지 않게 웃을 수 있는.

집으로 가는 길

"우와, 예쁘다!"
매일 보는 하늘인데도 늘 새롭게 감탄하는 너.

언젠가 네가 이 길과 하늘 아래
울적하게 걸어갈 날에도
다른 누군가와 또 다른 추억을 만들며
행복하게 걸어갈 날에도

어떤 바람이 불어도
함께 있다면,

어떤 바람이 불어도

——— 네가 있다면,

홀로 그리고 함께 그려가는 특별한 하루

초판 1쇄 발행 2018년 12월 14일
초판 2쇄 발행 2019년 3월 14일

글·그림 로사

발행인 구우진
사업총괄본부장 박성인
편집팀장 김민정 **책임편집** 박유진
마케팅 이승아 이석영
디자인 데시그
제작 이성재 장병미 고영진
발행처 메가스터디(주)
출판등록 제 2015-000159호
주소 서울시 마포구 상암산로 34(상암동) 디지털큐브빌딩 15층
전화 1661-5431 **팩스** 02-3486-8458
홈페이지 http://www.megabooks.co.kr
이메일 megastudy_official@naver.com

ISBN 979-11-297-0335-4 03810